Vorlagenmappe

FOLIEN FENSTERBILDER

mit dem Kreidemarker

WEIHNACHTEN

von Pia Pedevilla

3 in 1

Kreidemarker · 5 Fensterfolien · 14 Vorlagenbogen

TIPP Sie können die Vorlagen für den Kronleuchter auch vergrößern und anschließend auf das Fenster übertragen. Einen besonders schönen Effekt erzielen Sie, wenn es draußen dunkel ist. Die Glühlampen können Sie zusammen mit echten Glühlampen für einen stimmungsvollen Weihnachtslook aufhängen.

Liebe Leserinnen und Leser,

Weihnachtszeit ist Dekozeit! In dieser Mappe zeige ich Ihnen, wie Sie ihr Zuhause auf einfache Weise für die kalte Jahreszeit verschönern: Malen Sie bezaubernde, weihnachtliche Motive auf Folien, Fensterscheiben und versuchen Sie sich auch an der Kombination beider Techniken.

Die meisten Motive sind für beide Methoden geeignet - größere Folien finden Sie im Fachhandel. Da die Fensterfolien am Tisch bemalt werden, ist diese Technik kinderleicht und die fertigen Kunstwerke sind zudem flexibel auf-, ab- und umzuhängen sowie aufzubewahren. Ergänzen Sie die Motive durch kleine Sterne, Kristalle oder Vögel, sodass lebendige Winterszenen am Fenster entstehen.

Als besonderen Blickfang hängen Sie die Folien an Wände, Möbel sowie frei im Raum auf oder bemalen Sie z.B. Glaskugeln. Verzieren Sie die Folien mit Strasssteinen oder schönen Bändern, Ihrer Fantasie sind keine Grenzen gesetzt.

In meinen zahlreichen Kursen für Erwachsene und Kinder sorgen die Folienfensterbilder stets für große Begeisterung. Hier habe ich die Motive erprobt und Ideen gesammelt, die ich in dieser Mappe mit Ihnen teilen möchte.

MERRY CHRISTMAS

Pia Pedevilla

Material und Werkzeug

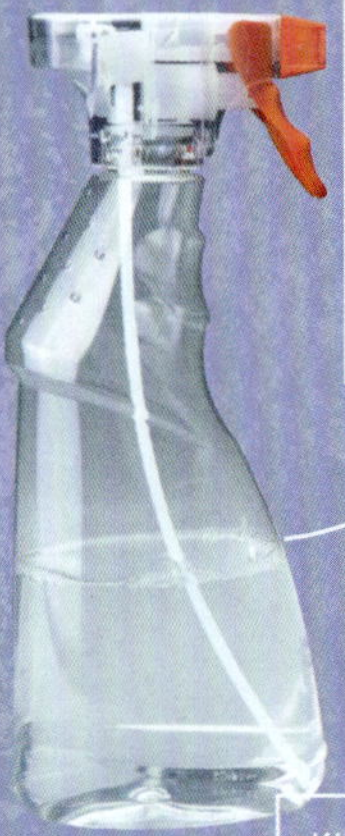

Damit Ihre Fensterdeko auch richtig erstrahlen kann, sollten Sie die Scheiben vorher gründlich mit GLASREINIGER säubern. Damit können Sie auch die Folie reinigen, wenn Sie das Motiv entfernen möchten. Mit HAUSHALTSALKOHOL reinigen Sie die Folie, da Fingerabdrücke dafür sorgen können, dass die Farbe nicht gut auf der Folie hält.

Mit KÜCHENPAPIER oder einem weichen Tuch lässt sich der Kreidemarker rückstandslos wieder entfernen. Für filigrane Arbeiten sind WATTESTÄBCHEN, SCHASCHLIKSTÄBCHEN oder ZAHNSTOCHER besonders gut geeignet.

KLEBEFILM brauchen Sie, um die Vorlagen an der Fensterscheibe oder Folie zu befestigen. Gut eignen sich auch 1 cm breites Malerkrepp oder Masking Tape.

Auf den Vorlagenbogen finden Sie alle Motive. Alternativ nutzen Sie den Downloadcode im Impressum.

Im Handel finden Sie eine große Auswahl verschiedener FOLIEN. Es gibt z.B. auch sehr große Folien (A3), sodass man große Szenen auch komplett am Tisch zeichnen kann. Wichtig ist, dass die Folie leicht zu schneiden ist, für große Motive sollte sie etwas stabiler sein (ca. 0,2-0,4 mm).

KREIDEMARKER gibt es mittlerweile in vielen verschiedenen Strichstärken und Farben – von Weiß bis Neon. Fündig werden Sie im Bastelfachhandel. Probieren Sie einfach unterschiedliche Stifte aus und finden Sie Ihren Lieblingsmarker.

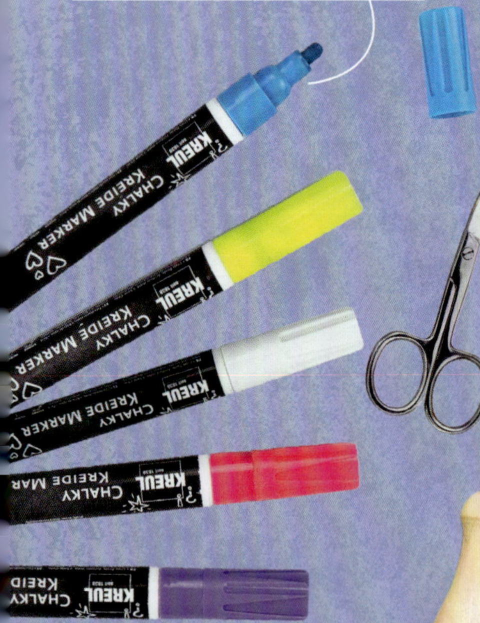

Mit DOPPELSEITIGEM KLEBEBAND oder transparenten Klebepunkten können Sie die fertigen Motive am Fenster befestigen.

Mit der SCHERE oder NAGELSCHERE können Sie kleinere Motive ausschneiden. Zum Aufhängen an einem weißen FADEN, BOUILLONDRAHT oder NYLONFADEN, müssen Sie mit der PRICKELNADEL ein Loch in die Folie stechen.

Mit dem Kreidemarker auf dem Fenster malen

Diese Technik erfordert etwas Übung und auf Fenstern mit Mehrfachverglasung ist es ein wenig schwieriger. Der Kreidemarker lässt sich allerdings schnell wieder abwischen.

1 Wählen Sie Ihr Lieblingsmotiv vom Vorlagenbogen aus und befestigen Sie es von **außen** an der Fensterscheibe. Mit ein paar Klebestreifen, Malerkreppband oder Masking Tape-Stücken geht das am besten. Der Bogen sollte glatt an der Fensterscheibe anliegen. Ist der Vorlagenbogen zu groß, falten Sie das Papier auf die richtige Größe. Sie können das gewünschte Motiv passend über die Digitale Bibliothek ausdrucken.

2 Bevor Sie beginnen, schütteln Sie den Stift gut, damit die Linien später schön gleichmäßig werden. Fahren Sie die Linien der Vorlage innen an der Scheibe nach. Zeichnen Sie das Motiv von links nach rechts, sodass die frisch gezeichneten Linien nicht wieder verwischen. Falls Sie mit dem Stift verrutschen, zeichnen Sie das Motiv einfach mit Fantasie weiter! Es ist zudem hilfreich, ein Auge zuzukneifen, um besser zielen zu können.

3 Sobald alle Linien nachgezogen sind, öffnen Sie das Fenster und entfernen die Vorlage auf der Außenseite. Ergänzen Sie Linien, Punkte und andere dekorative Elemente oder bessern Sie Flächen mit dem Wattestäbchen aus. Mit dem Holzstäbchen können Sie ganz vorsichtig Farbe wegkratzen, um schöne Details zu schaffen.

4 Mit einem andersfarbigen Kreidestift können Sie nun Akzente setzen oder das Motiv mit weiteren kleinen Kristallen dekorieren. Wenn Sie das Bild entfernen möchten, können Sie es einfach mit einem feuchten Lappen wieder wegwischen.

Mit dem Kreidemarker auf Folie malen

Diese Technik ist deutlich einfacher als das Malen auf dem Fenster, da Sie dabei am Tisch arbeiten und die Motive besser nachzeichnen können. Sie können die Folien von beiden Seiten bemalen, was einen tollen Effekt ergibt. Wenn Sie sie irgendwann austauschen möchten, bewahren Sie die Folien einfach in einer Plastikhülle auf.

1 Kleben Sie die Folie mit etwas Klebeband auf die Vorlage. Schütteln Sie den Kreidemarker oder Lackmalstift gut und fahren Sie die Linien der Vorlage nach. Die Augen können Sie auch mit einem wasserfesten, dünnen Filzstift in Schwarz malen. Gut trocknen lassen.

2 Entfernen Sie die Vorlage und wenden Sie die Folie auf die Rückseite. Dekorieren Sie das Motiv mit Punkten und weiterenVerzierungen. Lassen Sie Ihrer Fantasie dabei freien Lauf. Die weißen Linien auf der Vorderseite bleiben auf.

3 Drehen Sie das Motiv wieder auf die Vorderseite und schneiden Sie es mit einer normalen Schere oder einer Nagel- oder Silhouettenschere aus. Lassen Sie dabei einen dünnen Rand (ca. 1-2 mm) um die Außenlinien stehen. Den Kranz zusammenkleben und mit einer Wäscheklammer fixieren.

4 Tauchen Sie den Rand des Kranzes vorsichtig in ein Gefäß mit Holzleim und anschließend in eines mit Glitzer. Mit der anderen Seite ebenso verfahren. Gut trocknen lassen. Zum Aufhängen stechen Sie ein Loch in die Folie, fädeln den Bouillondraht hindurch und eine kleine Rocailles-Perle auf. Nach ca. 1 cm verdrehen. Ein Loch in den Kranz stechen und die weiteren Perlen auffädeln.

TIPP Bei manchen Folien reicht es aus, wenn Sie sie an das Fenster halten und an der Scheibe reiben. Achtung: Hierfür eignen sich nur einseitig bemalte Folien und achten Sie stets darauf, dass Ihr Motiv nicht verwischt.

e können mit dem Kreide-
rker auf der Folie malen.
e eignen sich jedoch bes-
r für das Malen auf dem
nster, da sie sich gut ab-
schen lassen.

Weiße oder farbige Lackmalstifte eignen sich besonders gut für das Bemalen der Folien. Sie sind in verschiedenen Strichstärken im Fachhandel erhältlich. Für feine Linien sollten Sie 1-2 mm dünne Stifte verwenden: Details wie Augen und Wimpern wurden mit einem dünnen Lackmalstift in Schwarz aufgemalt.

Um die Folienfensterbilder aufzuhängen, ist z.B. Bouillondraht gut geeignet, da sich die Perlen damit ganz leicht auffädeln lassen.

Pilz, Blätter, Herz und Zuckerstange wurden auf der Rückseite ausgemalt. So bleibt die weiße Linie auf der Vorderseite schön sauber.

Schneiden Sie die Motive sauber, ca. 1-2 mm neben der weißen Linie aus. So ist kaum zu merken, dass das Motiv auf Folie gemalt wurde. Sie können auch transparente Klebepads zur Anbringung am Fenster verwenden.

Alle Vorlagen auf einen Blick

Bogen A

Bogen B

Bogen E

Bogen F

Bogen G

Bogen C

Bogen D

Bogen H

Bogen L

Bogen I

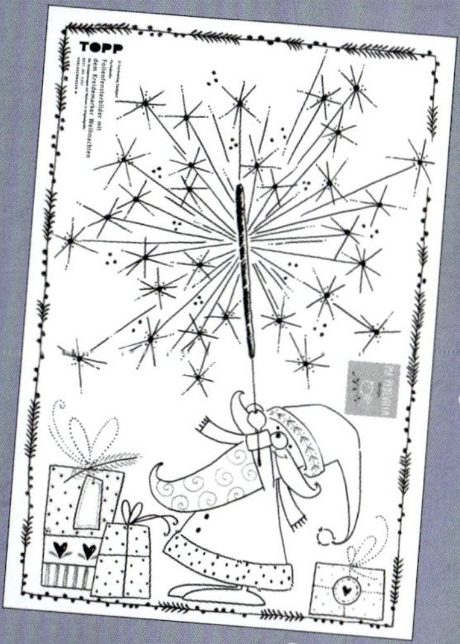

Bogen M

Bogen J

Bogen N

Bogen K

Die Vorlagen zu diesem Buch stehen in Ihrer Digitalen Bibliothek unter **www.topp-kreativ.de/digibib** nach erfolgter Registrierung zum Ausdrucken bereit.
Den Freischalte-Code finden Sie im Impressum.

Pia Pedevilla, ladinischer Muttersprache, lebt in Bruneck (Südtirol). Sie studierte Kunst in Gröden und Werbegrafik in Urbino. Seit Jahren ist sie im Bereich der Illustration und des Designs für Kinder tätig und hat lange Kunst und Werken unterrichtet. Heute leitet sie Fortbildungskurse für Lehrer und interessierte Erwachsene und gibt Unterricht in den Fächern Kunst und Musik an der Uni in Brixen. Im frechverlag hat sie über 100 Bücher über verschiedene Arbeitstechniken veröffentlicht. Auf ihrer Internetseite können Sie einen Blick in ihre Bücher werfen und erhalten Basteltipps sowie das aktuelle Kursangebot:

www.piapedevilla.com

Außerdem ist sie auf Facebook als „Pia Pedevilla design" aktiv.

DANKE

Wir danken der Firma C. KREUL GMBH & CO. KG für die freundliche Bereitstellung von Materialien.

Der Freischalte-Code für die Vorlagen lautet: 9958

TOPP – Unsere Servicegarantie

WIR SIND FÜR SIE DA! Bei Fragen zu unserem umfangreichen Programm oder Anregungen freuen wir uns über Ihren Anruf oder Ihre Post. Loben Sie uns, aber scheuen Sie sich auch nicht, Ihre Kritik mitzuteilen – sie hilft uns, ständig besser zu werden.

Bei Fragen zu einzelnen Materialien oder Techniken wenden Sie sich bitte an unseren Kreativservice, Frau Erika Noll.

mail@kreativ-service.info
Telefon 0 50 52 / 91 18 58

Das Produktmanagement erreichen Sie unter:

pm@frechverlag.de
oder:
frechverlag
Produktmanagement
Turbinenstraße 7
70499 Stuttgart
Telefon 07 11 / 8 30 86 68

LERNEN SIE UNS BESSER KENNEN! Fragen Sie Ihren Hobbyfach- oder Buchhändler nach unserem kostenlosen Magazin **Meine kreative Welt.** Darin ent-decken Sie dreimal im Jahr die neuesten Kreativtrends und interessantesten Buchneuheiten.

Oder besuchen Sie uns im Internet! Unter **www.topp-kreativ.de** können Sie sich über unser umfangreiches Buchprogramm informieren, unsere Autoren kennenlernen sowie aktuelle Highlights und neue Kreativtechniken entdecken, kurz – die ganze Welt der Kreativität.

Kreativ immer up to date sind Sie mit unserem monatlichen **Newsletter** mit den aktuellsten News aus dem frechverlag, Gratis-Bastelanleitungen und attraktiven Gewinnspielen.

IMPRESSUM

MODELLE UND ILLUSTRATIONEN: Pia Pedevilla

IDEE FOLIENFENSTERBILDER: Pia Pedevilla

FOTOS: frechverlag GmbH, 70499 Stuttgart (Freisteller Materialseite); C. Kreul GmbH & Co. KG (Kreidemarker auf Cover); lichtpunkt, Michael Ruder, Stuttgart (Mappe innen, Heft S. 5 und alle Freisteller); Pia Pedevilla, Bruneck, Italien

PRODUKTMANAGEMENT: Janina Dieckmann

LAYOUT UND GESTALTUNG: Katrin Röhlig

DRUCK UND BINDUNG: Tiskárna Grafico s.r.o., Tschechische Republik

1. Auflage 2019

ISBN 978-3-7724-4362-6 Best.-Nr. 4362

BUCHEMPFEHLUNGEN FÜR SIE

ISBN 978-7724-7888-8

ISBN 978-7724-7827-7

ISBN 978-7724-4281-0

ISBN 978-7724-7891-8

ISBN 978-7724-5000-6

ISBN 978-7724-7496-5

Uns, unsere Autoren, Bücher, Sets und viele, viele Bastelideen gibt's nicht nur auf Events und in Buchhandlungen, sondern natürlich auch online:

www.TOPP-KREATIV.de

www.YouTube.com/Frechverlag

www.TOPP-KREATIV.de/Newsletter

www.Instagram.com/Frechverlag

www.Facebook.com/Frechverlag

www.Pinterest.com/Frechverlag

Das Lama und der Schriftzug wurden direkt auf die Fenster gemalt und können ggf. vergrößert werden. Das Mandala und der Muffin wurden auf Folie gemalt, ausgeschnitten und aufgehängt.

TIPP Mit dünnen Lackmalstiften in Weiß können auch Glaskugeln dekoriert werden. Bekleben Sie die Folie mit verschiedenen Strasssteinen.

Hängen Sie die Bilder und Kugeln mit Organzabändern, Bouillondraht und Perlen ins Fenster.